Qui sommes-nous ?

Les chevaux

Texte de Anne Royer

MANGO JEUNESSE

Pour Marion B.,
A. R.
Pour Charlotte et Manon,
F. P.

Collection dirigée par Hélène Montardre
Conseiller scientifique : Philippe J. Dubois
Direction éditoriale : Christophe Savouré
Édition : Florence Pierron, assistée de Mathilde Guillier
Maquette : Rachel Bisseuil
Iconographie : Anne Lauprête
Fabrication : Thierry Dubus, Anne Floutier

Loi n° 49-956 du 16 juillet 1949 sur les publications
destinées à la jeunesse
ISBN : 978-27404-2432-2
Dépôt légal : Septembre 2008
Photogravure : Digi-France
Imprimé en Italie par Zanardi
N° d'édition : M08112
www.editions-mango.com

Sommaire

Les chevaux

Un cheval broute paisiblement quand, tout à coup, le voilà qui s'élance au galop. Quelques instants plus tard, il s'arrête tout aussi soudainement. Que s'est-il donc passé ? Sans doute un bruit inhabituel qui a réveillé ses instincts d'animal sauvage. En effet, même s'il est depuis longtemps domestiqué, le cheval se souvient encore de l'époque où il était une proie. En ce temps-là, seul dans la nature face aux prédateurs, il ne devait sa survie qu'à la rapidité de sa fuite.
Il existe aujourd'hui environ 200 races de chevaux. Sont-ils tous semblables ? Qu'y a-t-il de commun entre le minuscule falabella et l'immense shire ? Apparemment pas grand-chose... Et pourtant, tous deux appartiennent à la grande famille des chevaux ! Dans celle-ci, certains sont élancés et doués pour la course alors que d'autres sont tout en muscles et très forts. Certains sont très grands et d'autres très petits. Certains portent des robes unies alors que d'autres arborent des taches. Quant au caractère, lui aussi peut être très différent d'une race à l'autre.

Les chevaux, même s'ils sont domestiqués par l'homme, aiment toujours parcourir en groupes de vastes espaces.

Rapide comme le vent

Une ombre glisse sur l'herbe, des branches s'agitent au loin… Et hop ! voilà qu'un cheval broutant tranquillement détale aussitôt. De ses lointains ancêtres vivant à l'état sauvage, il a conservé cet instinct de survie qui le pousse à s'enfuir à toute vitesse au moindre danger. Il faut dire que chez le cheval, tout est étudié pour la course ! Il possède en effet de longues jambes et un arrière-train puissant. Grâce à sa silhouette mince, il fend l'air facilement. Et avec son cœur résistant et ses larges poumons, il peut courir vite et très longtemps !

Lorsqu'un cheval est au galop, il y a entre chaque foulée un court instant durant lequel aucun de ses sabots ne touche le sol.

Un cheval prend la fuite :

Réponse 1 : Au pas.
Réponse 2 : Au trot.
Réponse 3 : Au galop.

Qui suis-je ?

Le pur-sang arabe
On me surnomme parfois le « cheval-roi ».

MA TERRE D'ORIGINE EST :
l'Arabie.

MA TAILLE :
Je mesure de 1,45 à 1,55 m au garrot.

MON POIDS :
Je pèse de 350 à 450 kg.

MA ROBE EST :
le plus souvent gris très clair. Mais elle peut aussi être baie, alezane ou noire.

MES SIGNES PARTICULIERS :
Je suis considéré comme appartenant à la plus ancienne race de chevaux. Depuis des siècles, je suis le cheval des Bédouins du désert. Très endurant, je suis capable de courir pendant longtemps sans m'arrêter.

Un cheval prend la fuite au galop.

Au pas, au trot, au galop

Lorsqu'un cheval se déplace, il peut le faire de trois manières différentes. Celles-ci portent le nom d'« allures ». Si rien ne le presse, l'animal avance naturellement au pas, à la vitesse de sept kilomètres à l'heure. S'il a besoin d'aller plus vite, il adopte le trot. Il peut ainsi atteindre une moyenne de quatorze kilomètres à l'heure et parcourir de longues distances sans trop se fatiguer. Enfin, s'il se sent menacé, le cheval passe au galop et se déplace à la vitesse d'environ vingt kilomètres à l'heure. Certains chevaux de course peuvent même courir trois fois plus vite !

Lorsque le cheval est au pas, chaque pied se soulève du sol à son tour. Il a donc toujours trois sabots par terre alors que le quatrième est en l'air.

Un cheval qui est au trot pose toujours deux pieds en même temps. Par exemple, le pied avant droit et le pied arrière gauche, puis le pied avant gauche et le pied arrière droit.

Lorsqu'un cheval galope, ses naseaux s'ouvrent largement.
Il inspire ainsi le plus d'air possible.

Tout est dans les jambes arrière

Chez un cheval, le véritable « moteur » se situe au niveau de son arrière-train. En effet, les jambes avant, que l'on nomme les « antérieurs », sont fines. Elles servent à soutenir l'avant du corps. Les jambes arrière, que l'on appelle les « postérieurs », sont au contraire massives et musclées. Que l'animal soit au pas, au trop ou au galop, ce sont elles qui le propulsent en avant ! Et s'il a besoin de s'arrêter, c'est encore ses postérieurs qu'il utilise en les bloquant sous lui.

Hop, on saute !

Un cheval ne saute pas seulement parce qu'un dresseur lui a appris à le faire. Dans la nature, il aura le réflexe de passer par-dessus un fossé ou un tronc d'arbre lui barrant la route. Mais attention ! Il n'accomplira cette prouesse que s'il se sent menacé. Lorsque aucun danger n'est visible, il préfère toujours chercher un moyen de contourner l'obstacle plutôt que de sauter. Comme dans le cas du pas, du trot ou du galop, c'est l'arrière-train qui donne au cheval l'élan nécessaire au saut.

Un cheval qui saute prend soin de replier ses antérieurs sous son corps.
Il retombe toujours en posant d'abord un premier sabot de ses antérieurs, immédiatement suivi du second.

Les chevaux et leurs sens

Un cheval qui vit à l'état sauvage doit se débrouiller tout seul pour échapper à ses ennemis. Et savoir courir vite n'est pas toujours suffisant ! Pour avoir le temps de fuir, le cheval doit voir ou sentir le danger de loin. C'est pour cette raison qu'il possède un odorat très développé et une excellente vue. Grâce à la position de ses yeux, placés sur les côtés de sa tête, il peut voir presque tout autour de lui. Tête haute, il distingue tout ce qui est placé devant lui, mais rien de ce qui se passe sous son nez. En revanche, s'il marche tête baissée, rien de ce qui se trouve à ses pieds ou derrière lui ne lui échappe.

Par rapport à la taille de son corps, le cheval est le mammifère terrestre qui possède les plus gros yeux.

Lorsqu'il a soif, comment un cheval fait-il pour trouver un point d'eau ?

Réponse 1 : Il court un peu partout au hasard.

Réponse 2 : Il « renifle » la présence d'un point d'eau.

Réponse 3 : Il se guide uniquement grâce à sa vue.

Qui suis-je ?

Le frison

On me surnomme parfois « la perle noire ».

MA TERRE D'ORIGINE EST :
la Frise, une province de la Hollande.

MA TAILLE :
Je mesure de 1,50 à 1,60 m au garrot.

MON POIDS :
Je pèse de 600 à 800 kg.

MA ROBE EST :
noire.

MES SIGNES PARTICULIERS :
J'appartiens à une race très ancienne. Ma crinière et ma queue ont des crins très longs et souvent ondulés. Je suis d'un caractère doux et plein d'entrain.

Lorsqu'il a soif, un cheval « renifle » la présence d'un point d'eau.

Un nez très fin

Grâce à son excellent odorat, un cheval assoiffé peut sentir la présence d'une mare ou d'un torrent à deux kilomètres de distance. Mais l'odorat du cheval ne lui sert pas seulement à trouver de quoi boire ou se nourrir. En effet, pour se reconnaître entre eux, les chevaux se servent aussi de leur nez. Chaque animal possède une odeur particulière qui n'appartient qu'à lui. Ainsi, lorsque des chevaux se rencontrent, ils passent un long moment à se flairer. C'est leur moyen à eux de faire les présentations.

Naseaux au vent, le cheval hume l'air. Son odorat est bien plus développé que celui de l'homme : il sent des odeurs que celui-ci ne sent pas.

Le cheval vient de pointer ses oreilles vers l'avant. Il a détecté un bruit et reste attentif. Doit-il fuir ou peut-il continuer à brouter tranquillement ?

L'oreille très fine

Les oreilles des chevaux ne restent pas en place. Au moindre son, elles pivotent et s'orientent dans la direction d'où vient le bruit. Elles peuvent même faire un tour complet sur elles-mêmes ! Comme la vue et l'odorat, l'ouïe est pour le cheval un bon moyen de percevoir un éventuel danger. Mais une bonne oreille est aussi un atout précieux pour garder le contact avec d'autres chevaux trop éloignés pour être à portée de vue.

Il ne faut jamais couper les vibrisses d'un cheval ! Il serait totalement perdu et ne parviendrait plus à reconnaître sa nourriture.

Pied sûr et poils sensibles

Lorsqu'il se déplace, le cheval découvre d'abord le terrain avec ses pieds. Ils sont très sensibles et « sentent » où ils doivent se poser pour avancer le plus sûrement possible. Le cheval est aussi en contact avec ce qui l'entoure grâce à sa peau et à ses poils. Il apprécie les caresses, redoute les coups et sent quand une mouche vient se poser sur lui ! Certains de ses poils sont encore plus sensibles que les autres. Il s'agit des vibrisses, de longs poils raides qui poussent sur ses lèvres, son menton, ses oreilles et autour de ses yeux.
Les vibrisses réparties autour de sa bouche lui permettent de reconnaître sa nourriture où encore de découvrir un objet inconnu.

Les pieds des chevaux se terminent par un seul doigt protégé par un sabot en corne. Cette corne pousse d'un centimètre par mois. Grâce à elle, les chevaux peuvent marcher sur tous les terrains.

Les chevaux à table

Le cheval est un herbivore. S'il vit tout seul dans la nature, il se nourrit seulement de l'herbe qu'il trouve sur son chemin. À la mauvaise saison, il doit se déplacer souvent sur de longues distances pour tenter d'en dénicher quelques touffes. Quand le printemps revient, il a beaucoup maigri et passe son temps à manger pour compenser tous les kilos perdus. Lorsqu'il vit en compagnie de l'homme, le cheval broute dans les champs, mais reçoit en plus du blé, de l'orge, de l'avoine et des granulés industriels. Ces aliments l'aident à se tenir en forme.

Grâce à son long cou, le cheval peut brouter sans avoir à fléchir ses jambes. Chaque jour, il passe une douzaine d'heures à se nourrir de l'herbe des champs.

Pourquoi un animal aussi gros que le cheval a-t-il un petit estomac ?

Réponse 1 : Parce qu'il n'a jamais très faim.

Réponse 2 : Parce qu'un gros estomac le gênerait pour courir vite.

Réponse 3 : Parce qu'il digère très mal.

Qui suis-je ?

Le palomino

MA TAILLE :
Je mesure de 1,45 m à 1,70 m au garrot.

MON POIDS :
Je pèse de 400 à 550 kg.

MA ROBE EST :
dorée avec une crinière et une queue blanches.

MES SIGNES PARTICULIERS :
Mon nom n'est pas celui de ma race, mais celui de la couleur de mes poils et de mes crins. On me voit souvent au cinéma ou dans les cirques. Il arrive que mes yeux soient bleus.

Un gros estomac gênerait le cheval pour courir vite.

S'il reste à l'écurie, le cheval mange du foin. C'est de l'herbe de prairie qui a été coupée puis séchée et mise à l'abri.

Manger et boire

Comme tous les animaux qui doivent courir vite, le cheval ne peut pas s'encombrer d'un gros estomac qui le ralentirait ! Il mange donc peu à la fois, mais souvent. Bien sûr, un gros cheval aura beaucoup plus d'appétit qu'un petit maigrichon ! On estime que, pour se tenir en forme, un animal de 500 kg doit avaler environ 50 kg de nourriture par jour. Il lui faut également boire 10 à 50 litres d'eau. S'il est nourri avec du foin, il a besoin de plus d'eau que s'il broute l'herbe fraîche des prés. Comment peut-on savoir qu'un cheval manque d'eau ? Il faut regarder ses flancs. S'ils deviennent creux, il a très soif !

Les pommes, les carottes ou le pain sec et dur sont de véritables friandises pour les chevaux.

Une dentition bien adaptée

À l'âge adulte, le cheval possède 36 dents s'il s'agit d'une jument et 40 s'il s'agit d'un mâle. Les incisives se situent à l'avant de la mâchoire. Elles permettent à l'animal de couper sa nourriture. Les molaires sont placées à l'arrière et broient la nourriture avant qu'elle passe dans l'œsophage, puis dans l'estomac. Une fois broyée, l'herbe est beaucoup plus facile à digérer ! Les dents du cheval poussent tout au long de sa vie. Comme elles s'usent au fur et à mesure qu'il broute, elles ne deviennent jamais trop longues !

Peu à peu, la dentition d'un cheval s'use et devient brune. En l'observant, on peut estimer l'âge de l'animal.

Attention danger !

Toutes les plantes qui poussent dans la nature ne conviennent pas au cheval. Certaines peuvent le rendre très malade, ou même le tuer. Il suffit par exemple qu'il goûte aux aiguilles de l'if, un petit conifère, pour mourir en quelques minutes. Les fougères et la belladonne, que l'on trouve souvent le long des haies, peuvent aussi le rendre très malade. Un cheval ne doit pas non plus brouter l'herbe d'une prairie qui a été aspergée par des produits chimiques.

Une fois qu'un cheval a goûté aux glands du chêne, il en raffole. Et pourtant, à cause d'eux, il peut tomber très malade.

Les chevaux entre eux

Le cheval n'est pas un animal solitaire. Lorsque cela est possible, il aime vivre en groupes d'une dizaine d'individus. Ainsi, il se sent plus en sécurité. Ces groupes portent le nom de « hardes ». Une harde rassemble un seul mâle, l'étalon, et plusieurs femelles, les juments. Les jeunes ne restent pas longtemps dans la harde où ils sont nés. Les jeunes femelles, ou pouliches, la quittent à la fin de leur deuxième année. Les jeunes mâles, ou poulains, sont chassés du groupe par leur père à l'âge de trois ans environ.
Dans une harde, l'autorité est bien respectée. Tous les chevaux obéissent à l'étalon et à la plus âgée des juments !

Dans une harde, il ne peut y avoir qu'un seul chef. Il arrive que deux étalons se battent pour prendre cette place.

Comment appelle-t-on le cri du cheval ?

Réponse 1 : Le braiment.
Réponse 2 : Le hennissement.
Réponse 3 : Le beuglement.

Qui suis-je ?

Le camargue
On me surnomme parfois « le cheval blanc ».

MA TERRE D'ORIGINE EST :
la Camargue.

MA TAILLE :
Je mesure de 1,35 m à 1,50 m au garrot.

MON POIDS :
Je pèse de 300 à 400 kg.

MA ROBE EST :
gris blanc.

MES SIGNES PARTICULIERS :
En Camargue, une région du Sud de la France, je suis élevé en semi-liberté. Je suis très résistant et mes sabots larges me permettent de ne pas m'enfoncer dans les marécages. Mes poulains naissent noirs, bruns ou gris foncé.

Le cri du cheval s'appelle le hennissement.

Une harde de chevaux vient d'entendre les hennissements de son étalon qui a perçu un danger. Aussitôt, elle détale.

Le langage des chevaux

Pour communiquer entre eux, les chevaux utilisent fréquemment le hennissement. Attention, ce cri ne veut pas toujours dire la même chose ! Pour les chevaux, il s'agit d'une langue bien précise. Elle leur permet de garder le contact entre eux, en particulier quand ils ne peuvent pas se voir, comme en forêt, par exemple. En hennissant, ils peuvent s'appeler, se menacer, se prévenir d'un danger ou tout simplement se saluer.

Se parler avec les oreilles

Chez les chevaux, on n'a pas forcément besoin de faire entendre sa voix pour communiquer, car on se parle aussi avec les oreilles ! Par leur position, l'animal peut dire s'il est triste ou de bonne humeur, s'il a envie de jouer ou, au contraire, si une furieuse envie de se battre le démange. Par exemple, lorsqu'il bouge ses oreilles dans tous les sens, cela signifie qu'il est inquiet. Mais s'il les garde parfaitement immobiles, il faut comprendre qu'il se sent paisible et qu'aucun danger n'est en vue.

Attention ! Si un cheval tient ses oreilles plaquées très en arrière, cela veut dire qu'il montre de l'agressivité !

Les chevaux peuvent s'aider mutuellement à faire leur toilette. Pour cela, chacun mordille le dos de l'autre.

Entraide et câlins

Lorsqu'ils sont en groupe, les chevaux se donnent parfois des coups de sabots ou de dents. C'est une manière de faire comprendre à l'autre qui est le chef. Mais ces animaux peuvent aussi se toucher pour se manifester de l'affection. Ils vont par exemple rester des heures côte à côte en broutant paisiblement. Ou encore, l'un va gratter la croupe de l'autre avec ses dents pendant que son compagnon fait la même chose. Parfois deux chevaux vivent une véritable histoire d'amitié. Ils sont inséparables et cherchent à passer le plus de temps possible ensemble.

Pour intimider un autre cheval, il faut paraître plus grand et plus fort. Parfois, se cabrer est juste une manière de jouer.

Les chevaux et leurs poulains

La jument a porté son petit dans son ventre pendant onze mois. Enfin, le grand jour arrive ! La naissance se déroule le plus souvent en pleine nuit ou au lever du jour. Ce sont d'abord les antérieurs qui apparaissent, puis la tête et enfin le reste du corps. Le poulain naît dans une sorte de poche transparente, le placenta, qui se déchire rapidement. Il est tout mouillé et semble bien fragile. Sa mère lui fait une première toilette à grands coups de langue, puis le poulain prend sa première tétée. Le lait qu'il boit alors s'appelle le « colostrum ». Il est très riche et protégera le petit contre de nombreuses maladies.

La jument est une mère attentive qui ne quitte pas son petit du regard. Les premiers jours de sa vie, celui-ci tète toutes les heures.

Le poulain peut se mettre debout :

Réponse 1 : Une demi-heure après sa naissance.

Réponse 2 : Cinq heures après sa naissance.

Réponse 3 : Une semaine après sa naissance.

Qui suis-je ?

L'andalou

On me surnomme parfois « le cheval des rois ».

MA TERRE D'ORIGINE EST :
l'Andalousie, une région d'Espagne.

MA TAILLE :
Je mesure 1,60 m environ au garrot.

MON POIDS :
Je pèse de 400 à 500 kg.

MA ROBE EST :
noire, baie, rouanne ou grise.

MES SIGNES PARTICULIERS :
Je suis réputé pour mon caractère doux et mon élégance. Je suis également agile et d'une grande vitalité. On me rencontre souvent dans les cirques ou les grandes écoles d'équitation car les écuyers aiment beaucoup travailler avec moi.

Le poulain peut se mettre debout une demi-heure après sa naissance.

Déjà sur ses jambes

Né depuis une demi-heure à peine, il est déjà sur ses quatre jambes et cherche les mamelles de sa mère. Pourquoi est-il si pressé de se mettre debout ? Cette habitude lui vient de ses ancêtres sauvages. En ce temps-là, un petit à peine né devait être capable de suivre immédiatement sa mère et son groupe s'il ne voulait pas finir sous les dents d'un prédateur. Cependant, pour se reposer de tous les efforts qu'il fait pour marcher et courir, le poulain fait de longues siestes auprès de sa mère.

Après la naissance, la jument passe un long moment à lécher son petit. Ainsi, elle active la circulation de son sang, le sèche et lui communique son odeur.

De l'herbe au menu

À l'âge de deux mois, le poulain a beaucoup grandi, même si sa queue et sa crinière sont encore bien courtes. Son pelage laineux, que l'on appelle « poil de lait », est en train de disparaître. À sa place, son poil définitif commence à pousser. Depuis sa naissance, il n'a bu que le lait de sa mère pour se nourrir. Le moment est maintenant venu de commencer à goûter à l'herbe. Pendant encore quatre mois, il continuera à téter. Et, lorsqu'il aura atteint l'âge de six mois, il se nourrira uniquement d'herbe.

Les jambes d'un poulain de deux semaines sont bien trop longues par rapport à son corps. Pour ne pas tomber, il les tient bien écartées.

Le moment où le poulain commence à manger de l'herbe est aussi celui où il devient plus indépendant en s'éloignant peu à peu de sa mère.

Les poulains jouent volontiers entre eux. Il leur arrive alors d'imiter les attitudes des adultes, en faisant par exemple semblant de se battre.

Apprendre en jouant

Les poulains sont très joueurs. Rapidement, ils commencent à vouloir imiter les adultes. Ils cherchent aussi à découvrir leur environnement et gambadent de plus en plus loin dans le pré. Ils courent, caracolent fièrement, envoient quelques ruades dans le vide, mais, à la moindre inquiétude, ils filent se réfugier contre leurs mères. D'ailleurs, celles-ci surveillent en permanence leurs petits. S'ils s'éloignent trop, elles les appellent ou viennent à leur rencontre.

Les chevaux légers

Parmi tous les chevaux, les plus fins et les plus rapides sont appelés « chevaux légers ». On dit d'eux qu'ils « travaillent sous la selle ». Cela signifie que le plus souvent, ils sont montés par des cavaliers. Autrefois, c'était sur ces chevaux que les hommes voyageaient, se mesuraient à la course ou encore partaient à la guerre. Ces chevaux légers sont aussi appelés « chevaux à sang chaud ». Cela n'a rien à voir avec leur température ! C'est simplement parce qu'ils descendent tous de chevaux arabes et barbes originaires d'Afrique et d'Arabie qu'on les a surnommés ainsi.

Le trakehner est un « cheval léger ». Son corps est à la fois solide et gracieux.

Certains chevaux légers sont capables de galoper à la vitesse de :

Réponse 1 : 30 kilomètres à l'heure.
Réponse 2 : 50 kilomètres à l'heure.
Réponse 3 : 70 kilomètres à l'heure.

Qui suis-je ?

Le trakehner

MA TERRE D'ORIGINE EST :
la Pologne.

MA TAILLE :
Je mesure 1,65 m environ au garrot.

MON POIDS :
Je pèse environ 650 kg.

MA ROBE EST :
de toutes les couleurs, mais toujours unie.

MES SIGNES PARTICULIERS :
Je suis si élégant que jadis on me faisait tirer les carrosses. Grâce à mon arrière-train très puissant, je suis souvent monté pour les épreuves de sauts d'obstacle.

Certains chevaux légers sont capables de galoper à la vitesse de 70 kilomètres à l'heure.

Des chevaux rapides comme le vent

C'est parmi les chevaux légers que l'on trouve les chevaux les plus rapides du monde. Le pur-sang arabe est l'un d'entre eux. Il atteint de telles vitesses qu'il est surnommé « le buveur de vent ». Ces chevaux sont facilement reconnaissables à leur corps élancé, à leurs jambes fines et à leur arrière-train puissant. La courbure de leur dos convient parfaitement à l'assise d'un cavalier. De nos jours, ces chevaux légers sont surtout utilisés pour les loisirs, lors de randonnées, de courses, de sauts d'obstacles ou encore de dressage.

Avec ses pointes de vitesse à 70 kilomètres à l'heure, le pur-sang anglais est le cheval le plus rapide du monde. Il est élevé pour courir sur les champs de course.

Au croisement de plusieurs races

Tous les chevaux ont leurs points forts et leurs points faibles. Par exemple, une race peut être particulièrement douce, mais ne pas courir très vite. Les éleveurs essaient alors de la croiser avec une autre, plus rapide, mais tout aussi paisible. Voilà pourquoi, depuis toujours, les hommes tentent de mélanger entre elles différentes races de chevaux. Ils espèrent ainsi obtenir des poulains possédant les qualités de chacun de leurs parents.

Le quarter horse est un cheval américain. Il est le résultat de croisements entre des chevaux andalous et des pur-sang anglais. Il est la monture favorite des cavaliers de rodéo.

Les hardes de mustangs parcourent de vastes espaces sous les ordres d'un étalon.

Les mustangs

Il n'existe plus aujourd'hui de races de chevaux véritablement sauvages, c'est-à-dire qui n'ont jamais côtoyé l'homme. Cependant, on peut rencontrer, dans plusieurs régions du monde, d'anciens chevaux domestiqués qui sont retournés à l'état sauvage. On dit alors qu'ils sont « semi-sauvages ». Il s'agit toujours de chevaux légers. Parmi eux figurent les mustangs, qui vivent aux États-Unis, en particulier dans le désert du Nevada. Ils sont réputés pour leur caractère particulièrement rebelle et farouche. Ce sont aujourd'hui des animaux protégés que l'on ne peut plus chasser, ni capturer.

L'appaloosa est un cheval léger, créé il y a très longtemps par les Nez-Percés, une tribu d'Indiens d'Amérique du Nord.

H

Les chevaux lourds

Les chevaux lourds sont aussi appelés « chevaux à sang froid ». Ils sont nommés ainsi car ils sont originaires des régions froides de l'Europe du Nord. Ils sont facilement reconnaissables à leur taille et à leur musculature impressionnantes. Ce sont les plus grands et les plus gros de tous les chevaux ! S'ils se lancent rarement au grand galop, ils sont en revanche capables d'une remarquable endurance. En effet, ils peuvent avancer d'un même pas très régulier pendant de longues heures sans donner le moindre signe de fatigue. De plus, leur calme fait d'eux des chevaux au caractère en or !

Comme la plupart des chevaux lourds, le percheron porte le plus souvent une robe unie.

Les chevaux lourds sont également appelés :

Réponse 1 : Chevaux de trait.
Réponse 2 : Chevaux de course.
Réponse 3 : Pur-sang.

Qui suis-je ?

Le Percheron

MA TERRE D'ORIGINE EST :
la Normandie, une région française.

MA TAILLE :
Je mesure de 1,55 m à 1,85 m au garrot.

MON POIDS :
Je pèse de 500 à 1 200 kg.

MA ROBE EST :
noire ou grise.

MES SIGNES PARTICULIERS :
Je suis le cheval lourd le plus connu au monde. Les Américains, les Anglais et les Japonais m'apprécient beaucoup et m'élèvent dans leurs pays. Le plus grand percheron ayant jamais existé pesait 1 372 kg et mesurait 2,10 m au garrot !

Les chevaux lourds sont également appelés « chevaux de trait ».

Les chevaux de trait, de sacrés gaillards !

Il y a plusieurs centaines d'années, les hommes ont créé les chevaux de trait. Pour cela, ils ont croisé des races de chevaux très musclées et très robustes. Jusqu'à l'invention du moteur, ils ont utilisé la force fantastique de ces animaux. Ils les ont employés, entre autres, dans l'agriculture et pour le transport de marchandises. Dans le nord de l'Europe où il pleuvait beaucoup, la terre était souvent lourde et collante. Ces chevaux aux sabots larges et à la musculature puissante faisaient alors merveille dans les champs !

Le shire est le plus haut de tous les chevaux. Il mesure au minimum 1,70 au garrot pour un poids d'une tonne. Le plus grand de tous mesurait 2 m !

Le clydesdale est d'origine écossaise. C'est l'un des chevaux lourds les plus puissants du monde.

Bien que les chevaux de trait soient beaucoup moins utilisés qu'autrefois, on continue à les élever afin qu'ils ne disparaissent pas.

Les traits légers

Certains chevaux sont appelés des « traits légers ». Ils sont robustes, ils ont bon caractère et ils sont plus menus que les chevaux de trait. Autrefois, ils tiraient les carrioles, les fourgons ou les diligences parfois sur de très longues distances. Pour effectuer un travail aussi pénible, ils devaient être puissants et endurants. Aujourd'hui, la police montée du Canada ou d'Angleterre utilise encore ces chevaux de trait légers pour patrouiller dans les villes et les parcs.

Des fanons aux pattes

De très nombreux chevaux lourds possèdent de longs poils au-dessus des sabots. Cette partie de la jambe porte le nom de « paturon » et ces drôles de jambières poilues sont appelées « fanons ». Les fanons peuvent être d'une autre couleur que celle de la robe de l'animal. Chez certaines races de chevaux lourds, ils sont très longs et très soyeux. Ces poils nécessitent alors beaucoup d'entretien car ils se salissent à cause de la terre et de la boue des chemins.

Aujourd'hui encore, dans certaines régions, ici sur les côtes de la mer du Nord, les pêcheurs utilisent des chevaux lourds pour les aider à tirer leurs filets à crevettes.

Des chevaux petits, les poneys

Quelle est la principale différence entre un poney et un cheval ? C'est avant tout la taille. Ce sont les hommes qui ont décidé que les chevaux mesurant moins de 1,47 m au garrot seraient appelés des « poneys ». Les autres, plus grands, porteraient le nom de « chevaux ». Malgré sa petite taille, le poney est pourtant plus robuste. Souvent originaire de régions d'Europe au climat rude, il supporte mieux le froid et sait se contenter d'une nourriture plus pauvre. Il possède des jambes plus courtes que celles du cheval. Elles sont terminées par des sabots très résistants.

Le nom de poney vient de « poulenet », un mot qui signifiait « poulain » en ancien français.

Le plus petit poney du monde à la taille :

Réponse 1 : D'un enfant de 1 an.
Réponse 2 : D'un enfant de 4 ans.
Réponse 3 : D'un enfant de 7 ans.

Qui suis-je ?

Le shetland

MA TERRE D'ORIGINE EST :
les îles Shetland, au nord-est de l'Écosse.

MA TAILLE :
Je mesure de 80 cm à 1,07 m au garrot.

MON POIDS :
Je pèse de 150 à 180 kg.

MA ROBE EST :
de couleurs très variées.

MES SIGNES PARTICULIERS :
En hiver, pour résister au froid, mon pelage devient très épais. Ma crinière fournie et ma longue queue me protègent et me tiennent chaud. Je suis si costaud et si résistant qu'autrefois, on me faisait tirer de très lourdes charges au fond des mines.

Le plus petit poney du monde a la taille d'un enfant de 1 an.

Le minuscule falabella

Le falabella est le plus petit poney du monde. Sa taille ne dépasse pas 70 cm. Il a vu le jour en Amérique du Sud, il y a près de cent ans. Il serait le résultat du croisement d'un pur-sang et d'un poney shetland. Malgré sa petite taille, il aime tirer des attelages adaptés à son physique. Il peut tirer un poids vingt fois supérieur au sien ! Mais, malgré sa force, même un jeune enfant ne peut pas le monter. Il serait encore beaucoup trop lourd pour lui !

Le plus petit falabella ayant jamais existé mesurait 40 cm au garrot et pesait 40 kg. Certains poneys de cette race vivent en appartement !

Le poney islandais est très robuste. Il est également très rapide puisqu'il peut atteindre 45 kilomètres à l'heure au galop : c'est la vitesse d'une voiture en ville !

Petits mais costauds !

Les poneys ont beau être plus petits que les chevaux, ils sont malgré tout très forts. Le shetland, par exemple, peut tirer un attelage quatre fois plus lourd que lui ! Un solide cheval de trait ne serait pas capable du même exploit ! De plus, les poneys sont infatigables et peuvent parcourir des dizaines de kilomètres sans montrer de signes de fatigue. Parfois, il leur arrive de se montrer têtus et de refuser de passer à certains endroits.

Le connemara est un grand poney mesurant environ 1,40 m au garrot. Les enfants, mais également les adultes, peuvent le monter.

Le Przewalski, cheval ou poney ?

Tous les chevaux mesurant moins de 1,47 au garrot sont appelés « poneys » à l'exception du cheval de Przewalski qui pourtant affiche une taille allant de 1,20 m à 1,45 m. Pourquoi ? Sans doute parce que cet animal tient une place à part dans le monde des chevaux. Il est considéré comme le dernier cheval sauvage du monde et comme le dernier représentant des chevaux préhistoriques. Il ne peut être ni monté, ni dressé. Il est originaire de régions très rudes d'Asie Centrale et il est capable de supporter des températures très froides ou très chaudes. Il se contente de peu de nourriture.

Le cheval de Przewalski possède une grosse tête avec des yeux placés plus haut que ceux des autres chevaux. Sa crinière pousse toute droite, un peu comme une « crête ».

Des chevaux de toutes les couleurs

Il existe, à travers le monde, environ deux cents races de chevaux. Ils se différencient d'abord par leur taille et par la forme de leur corps. Mais on peut aussi les reconnaître en observant la couleur de leurs poils et celle des crins de leur crinière et de leur queue… même si les chevaux d'une même race n'ont pas forcément les mêmes ! Il arrive également que des chevaux portent des marques, par exemple une étoile blanche sur le front ou une tache sur les naseaux. Ces marques ne permettent pas de connaître la race de l'animal. Elles sont un peu comme une carte d'identité. Deux chevaux ne peuvent jamais avoir exactement les mêmes.

Le pinto était le cheval favori des Indiens d'Amérique du Nord. Il porte de larges taches blanches. Aucun Pinto n'aura jamais exactement la même robe qu'un autre.

Comment appelle-t-on la couleur des poils et des crins du cheval ?

Réponse 1 : La tunique.
Réponse 2 : Le manteau.
Réponse 3 : La robe.

Qui suis-je ?

Le pinto

On me surnomme parfois « le cheval peint ».

MA TERRE D'ORIGINE EST :
l'Amérique du Nord.

MA TAILLE :
Je mesure 1,50 m environ au garrot.

MON POIDS :
Je pèse 400 kg environ.

MA ROBE EST :
avec des taches de couleur sur fond blanc ou des taches blanches sur fond de couleur.

MES SIGNES PARTICULIERS :
Je descends des chevaux que les Conquistadors espagnols ont amenés d'Europe lorsqu'ils ont découvert l'Amérique au XVIe siècle. Je suis un animal à la fois très calme et très puissant.

On appelle la couleur des poils et des crins du cheval la robe.

Robes simples ou composées

Certains chevaux ont des robes toutes simples : leurs poils, ainsi que les crins de leur queue et de leur crinière, sont d'une même couleur. Ainsi, lorsqu'un cheval est entièrement brun rougeâtre, on dira de lui qu'il est « alezan ». D'autres chevaux ont des robes composées : ils peuvent, par exemple, être beige avec une queue et une crinière noires. On dira alors d'eux qu'ils sont « isabelle ». Les chevaux sont appelés « pie » lorsqu'ils possèdent des taches de deux couleurs différentes, l'une d'entre elles étant toujours le blanc.

Un cheval bai possède un poil rouge-brun tandis que sa queue et sa crinière sont noires.

Lorsque la robe d'un cheval, ainsi que sa crinière, sa queue et ses membres sont uniformément noirs, on dit de cet animal qu'il est « noir franc ».

Lorsqu'il est adulte, le lipizzan est toujours blanc. À sa naissance, il était pourtant bai foncé ou noir. Son poil s'éclaircit progressivement entre l'âge de 7 et 10 ans.

Une couleur pour toute la vie ?

La couleur que le poulain porte à sa naissance ne sera peut-être pas celle de sa robe d'adulte. En général, ce changement se fait lentement. Au printemps, lorsque l'animal perd son pelage d'hiver, le nouveau peut être d'une teinte différente, souvent plus claire. Ainsi, un poulain né noir devient parfois gris puis blanc en quelques années. Les taches des robes connaissent souvent de grandes transformations au fil du temps.

Quelques fantaisies

Bien souvent, les chevaux portent des marques blanches sur la tête ou au bas des jambes. Parfois ces marques s'étendent sur tout le devant de la tête et couvrent aussi la bouche et les yeux. On dit alors que l'animal porte un « masque ». S'il s'agit d'un trait vertical, on parle de « liste ». Les chevaux peuvent également avoir sur leur pelage des épis, sorte de tourbillons de poils, qu'aucun coup de brosse ne parvient à faire disparaître. Enfin, si les chevaux ont une ligne de poils sombres courant du garrot jusqu'à la queue, on dit qu'ils ont une « raie de mulet ».

Les marques, en général blanches, que les chevaux portent sur les jambes sont appelées « balzanes ». Elles font un peu penser à des chaussettes, plus ou moins hautes !

Des chevaux et des hommes

Le premier ancêtre du cheval vivait il y a 50 millions d'années. Il était très différent des chevaux d'aujourd'hui ! Il avait la taille d'un petit chien et ses pattes avant se terminaient par quatre doigts recouverts de gros ongles. Peu à peu, les ancêtres des chevaux ont grandi et leur corps s'est modifié. Lorsque l'homme a fait son apparition sur Terre, les chevaux mesuraient environ 1,30 m au garrot. Au début, les hommes ne se sont pas occupés d'eux. Puis ils ont eu l'idée de les manger et de récupérer leur peau. À la fin de la Préhistoire, ils ont commencé à leur faire transporter des charges. Par la suite, ils les ont attelés et, enfin, ils les ont montés.

Le fjord est un grand poney. Il est toujours utilisé aujourd'hui pour tirer les charrues dans les régions montagneuses de Norvège ou de Suède.

Pendant plusieurs siècles, le cheval a remplacé :

Réponse 1 : La charrue.
Réponse 2 : Le tracteur.
Réponse 3 : La remorque.

Qui suis-je ?

Le fjord

MA TERRE D'ORIGINE EST :
la Norvège.

MA TAILLE :
Je mesure de 1,30 m à 1,42 m au garrot.

MON POIDS :
Je pèse 450 kg à 600 kg environ.

MA ROBE EST :
Isabelle.

MES SIGNES PARTICULIERS :
Je viens d'un pays au climat rude et je suis un poney résistant. Je sais me contenter de peu de confort et de nourriture.
Je suis un peu rondouillard et facilement reconnaissable à ma crinière noire et argent qui pousse en brosse sur mon encolure.

Pendant plusieurs siècles, le cheval a remplacé le tracteur.

Aujourd'hui encore, lorsque les chemins de montagne ne permettent pas le passage de véhicules à moteur, ce sont les chevaux de trait qui transportent les arbres abattus.

Des chevaux encore au travail

Pendant très longtemps, le cheval a été utilisé pour transporter des personnes ou des marchandises. Aujourd'hui, un peu partout dans le monde, les champs sont labourés par des tracteurs et les gens se déplacent en voiture. Cela n'empêche pas les chevaux de continuer à rendre de grands services à l'homme. Ils lui permettent de se rendre dans des lieux inaccessibles aux véhicules à moteur, comme certaines forêts par exemple. De plus, les chevaux sont discrets dans la nature. Ils font peu de bruit et ne polluent pas !

En Autriche, son pays d'origine, le haflinger est souvent employé pour tirer des traîneaux sur la neige.

Des poneys très aimés

Autrefois, les poneys travaillaient dans les champs ou à la mine. Une fois devenus trop vieux ou trop fatigués, on laissait les enfants les monter. Ces petits chevaux étaient parfaits pour leur permettre de commencer à monter à cheval sans avoir trop peur. Aujourd'hui, les poneys ne tirent plus de wagonnets ni de charrues. Dans des poneys-clubs, les enfants s'initient à l'équitation grâce à eux. Ils apprennent à les équiper, à les soigner, à les conduire et même à leur faire sauter des obstacles.

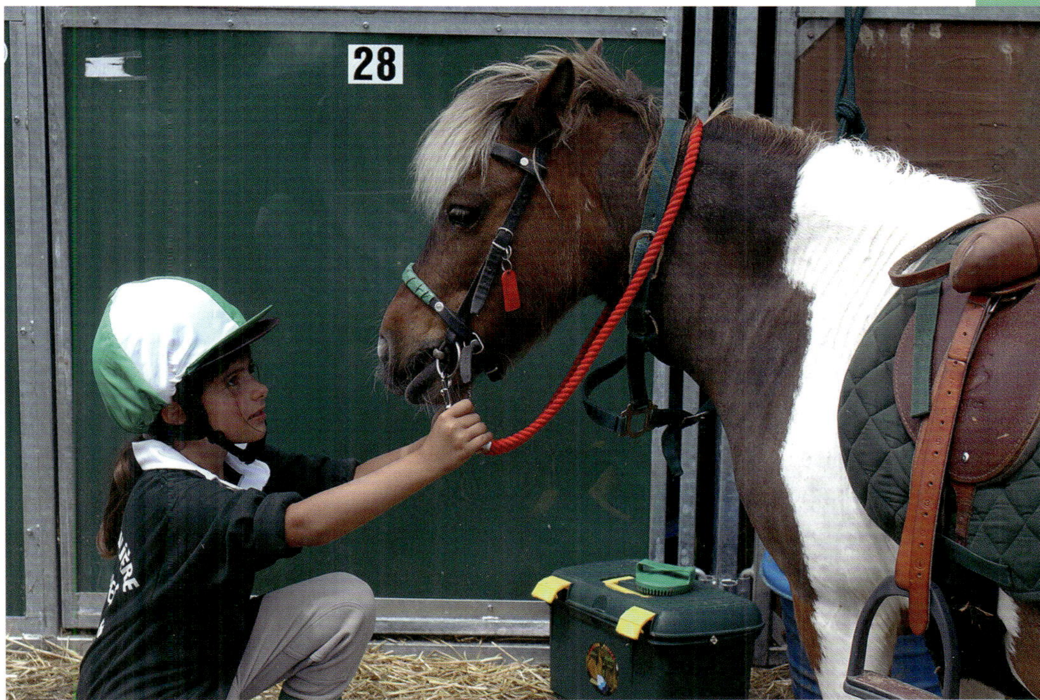

Avant de monter son poney, le cavalier doit le brosser, vérifier qu'il n'a pas de blessure et lui mettre une selle et un filet.

Des chevaux pour les loisirs

Les hommes n'ont pas domestiqué les chevaux uniquement pour les faire travailler. Ils ont aussi inventé de nombreuses distractions qui se pratiquent grâce à eux. Les premières courses de chevaux ayant eu lieu pendant les jeux Olympiques ont plus de 2 000 ans ! Peu à peu, les hommes ont appris à dresser leur monture pour leur faire sauter des obstacles très hauts ou leur faire exécuter des pas ressemblant à de la danse. Aujourd'hui, pour admirer les prouesses des chevaux, on peut se rendre sur les champs de course, ou encore assister à des concours hippiques ou à des spectacles.

Dresser un cheval demande beaucoup de patience. Il lui faut en général plusieurs années pour apprendre à exécuter les pas et les figures qu'on attend de lui.

Des peuples cavaliers

Certains peuples ne peuvent pas imaginer leur existence sans la présence de chevaux à leurs côtés. Pendant des siècles, grâce à ces animaux, ils ont pu emmener leurs troupeaux à la recherche de nouveaux pâturages. Telle fut la vie des Bédouins des déserts d'Afrique du Nord ou celle des Mongols habitant les immenses plaines d'Asie Centrale. Aujourd'hui, la vie de ces peuples s'est modernisée. Mais, malgré tous ces changements, ils ont gardé le même amour des chevaux. Alors qu'ils sont encore tous petits, leurs enfants apprennent à les monter et deviennent très vite d'habiles cavaliers.

En Australie, les walers sont les chevaux des gardiens de troupeaux. Ils sont si résistants qu'ils peuvent galoper très longtemps sans se fatiguer.

Comment appelle-t-on les cavaliers qui gardent les troupeaux en Argentine ?

Réponse 1 : Les gauchos.
Réponse 2 : Les cow-boys.
Réponse 3 : Les gardians.

Qui suis-je ?

Le waler

MA TERRE D'ORIGINE EST :
l'Australie.

MA TAILLE :
Je mesure 1,50 m environ au garrot.

MON POIDS :
Je pèse de 300 à 350 kg.

MA ROBE EST :
de toutes les couleurs, mais toujours unie.

MES SIGNES PARTICULIERS :
Mes ancêtres ont été amenés en Australie en 1798 par les Européens. Je suis le résultat de nombreux croisements entre des chevaux sud-africains et arabes. J'étais le cheval de l'armée anglaise pendant la Première Guerre mondiale. Je suis calme et infatigable.

Les cavaliers qui gardent des troupeaux en Argentine s'appellent des « gauchos ».

Les gardiens de troupeaux à cheval

Dans le monde, il existe d'immenses plaines où vivent des troupeaux qui regroupent des milliers de bœufs ou de moutons. Ces troupeaux sont surveillés par des gardiens à cheval. En Argentine, on les appelle les « gauchos » ; aux États-Unis, ce sont les « cow-boys » ; et en Hongrie, les « Czikos ». Ils sont capables de passer des journées entières en selle ! Aujourd'hui, même si des voitures ou des hélicoptères sont utilisés pour la surveillance des troupeaux, ils sont toujours là. En effet, ils sont les seuls à pouvoir ramener une bête égarée au fond d'un ravin ou attraper un veau au lasso pour le marquer.

Les Czikos sont des cavaliers vivant en Hongrie. Ils sont très habiles. Par exemple, ils sont capables de rester debout sur leur monture lancée au grand galop.

Le cheval que montent les gauchos de la pampa porte le nom de « criollo ». C'est l'un des chevaux les plus robustes du monde.

Pour les Bédouins, le cheval est le plus précieux des animaux.
Ils disent que « le paradis sur Terre est sur le dos d'un cheval ».

Chevaux du désert

Le pur-sang arabe est l'un des plus beaux chevaux du monde et il est originaire… du désert. Là-bas, pas de verte prairie, mais plutôt du sable à perte de vue. Depuis toujours, les Bédouins, nomades de cette région, se déplacent d'oasis en oasis en compagnie de leurs chevaux. Pour que les poulains s'habituent très jeunes à porter un cavalier, ils fixent sur leur dos un petit sac de sable et augmentent son poids à mesure que l'animal grandit. Une fois adulte, porter un cavalier semble alors tout naturel au cheval !

À cheval en Mongolie

La Mongolie est située entre la Chine et la Sibérie. Elle possède de vastes plaines et beaucoup de ses habitants sont des semi-nomades. Pendant toute une partie de l'année, ils se déplacent en compagnie de leurs troupeaux. Ils ne peuvent pas se passer de la présence de chevaux auprès d'eux. Ces animaux sont un peu comme des membres de leur famille. Il s'agit toujours de chevaux très robustes. Dans ces régions rudes aux hivers très froids et aux étés torrides, ils savent briser la glace pour trouver de quoi boire. De même, ils peuvent supporter de fortes chaleurs et le manque de nourriture.

En Mongolie, les filles comme les garçons apprennent très jeunes à monter à cheval. S'ils deviennent des cavaliers respectés, ils auront le droit de posséder un cheval blanc.

Grand quizz sur les chevaux

Ils sont rapides comme le vent, ils ont le pied sûr, ils n'aiment pas la solitude, ils vivent auprès des hommes…
Les chevaux t'ont raconté tous leurs secrets. Les voici à présent qui te posent quelques questions. À toi de trouver les bonnes réponses ! Et quand tu ne sais pas, cherche dans ton livre !*

RAPIDE COMME LE VENT

Lorsqu'un cheval perçoit un danger que fait-il ?

Réponse 1 : Il se tapit au sol.
Réponse 2 : Il tourne sur lui-même.
Réponse 3 : Il s'enfuit en galopant.

Au trot, un cheval se déplace à la vitesse moyenne de :

Réponse 1 : 7 kilomètres à l'heure.
Réponse 2 : 14 kilomètres à l'heure.
Réponse 3 : 20 kilomètres à l'heure.

Quel est le surnom du pur-sang arabe ?

Réponse 1 : « Le cheval-prince ».
Réponse 2 : « Le cheval-roi ».
Réponse 3 : « Le cheval de vent ».

LES CHEVAUX ET LEURS SENS

Deux chevaux qui se rencontrent commencent par :

Réponse 1 : Se flairer.
Réponse 2 : Se toucher avec leurs sabots.
Réponse 3 : Se mordre.

De quoi sont constitués les sabots des chevaux ?

Réponse 1 : De peau.
Réponse 2 : D'os.
Réponse 3 : De corne.

Le frison n'a qu'une seule couleur de robe. Elle est toujours :

Réponse 1 : Noire.
Réponse 2 : Baie.
Réponse 3 : Blanche.

 * Tu trouveras les solutions p. 58.

LES CHEVAUX À TABLE

Chaque jour, un cheval broute pendant environ :

Réponse 1 : Trois heures.
Réponse 2 : Six heures.
Réponse 3 : Douze heures.

Comment peut-on se rendre compte qu'un cheval a soif ?

Réponse 1 : Si ses flancs sont creux.
Réponse 2 : Si sa langue est pendante.
Réponse 3 : Si ses oreilles sont dirigées vers l'arrière.

Comment appelle-t-on l'herbe de prairie séchée que l'on donne à manger aux chevaux ?

Réponse 1 : Du foin.
Réponse 2 : De l'avoine.
Réponse 3 : De l'orge.

LES CHEVAUX ENTRE EUX

Comment appelle-t-on un groupe de chevaux vivant ensemble ?

Réponse 1 : Une horde.
Réponse 2 : Une harde.
Réponse 3 : Une meute.

Un cheval dont les oreilles sont plaquées en arrière :

Réponse 1 : Est amusé par quelque chose.
Réponse 2 : Est attentif à un bruit.
Réponse 3 : Montre de l'agressivité.

Dans un groupe de chevaux, qui commande ?

Réponse 1 : Un étalon.
Réponse 2 : Une jument.
Réponse 3 : Une pouliche.

LES CHEVAUX ET LEURS POULAINS

Une jument porte son petit dans son ventre pendant :

Réponse 1 : Six mois.
Réponse 2 : Onze mois.
Réponse 3 : Vingt mois.

Quel nom donne-t-on au premier pelage du poulain ?

Réponse 1 : Le « poil de coton ».
Réponse 2 : Le « poil de lait ».
Réponse 3 : Le duvet.

À quel âge le poulain se nourrit-il uniquement d'herbe ?

Réponse 1 : À l'âge de 15 jours.
Réponse 2 : À l'âge de 3 mois.
Réponse 3 : À l'âge de 6 mois.

LES CHEVAUX LÉGERS

Les chevaux légers sont aussi appelés :

Réponse 1 : « Chevaux à sang chaud ».
Réponse 2 : « Chevaux à sang froid ».
Réponse 3 : « Chevaux à sang tiède ».

Aux États-Unis, comment appelle-t-on les chevaux jadis domestiqués, puis revenus à l'état sauvage ?

Réponse 1 : Des appaloosas.
Réponse 2 : Des mustangs.
Réponse 3 : Des chevaux de Przewalski.

Le pur-sang anglais peut atteindre la vitesse de :

Réponse 1 : 35 kilomètres à l'heure.
Réponse 2 : 55 kilomètres à l'heure.
Réponse 3 : 70 kilomètres à l'heure.

LES CHEVAUX LOURDS

Les chevaux lourds sont originaires :

Réponse 1 : D'Afrique.
Réponse 2 : Des États-Unis.
Réponse 3 : D'Europe du Nord.

De nombreux chevaux lourds portent de longs poils au-dessus des sabots. Ce sont :

Réponse 1 : Des paturons.
Réponse 2 : Des marques.
Réponse 3 : Des fanons.

De tous les chevaux, le plus haut et le plus lourd est :

Réponse 1 : Le percheron.
Réponse 2 : Le shire.
Réponse 3 : Le clydesdale.

DES CHEVAUX PETITS, LES PONEYS

Quel est la taille maximum d'un poney ?

Réponse 1 : 1,32 m au garrot.
Réponse 2 : 1,47 m au garrot.
Réponse 3 : 1,55 m au garrot.

Un poney est :

Réponse 1 : Plus robuste qu'un cheval.
Réponse 2 : Moins robuste qu'un cheval.
Réponse 3 : Aussi robuste qu'un cheval.

Un shetland est capable de tirer une charge :

Réponse 1 : Deux fois plus lourde que lui.
Réponse 2 : Quatre fois plus lourde que lui.
Réponse 3 : Dix fois plus lourde que lui.

DES CHEVAUX DE TOUTES LES COULEURS

Combien existe-t-il de races de chevaux à travers le monde?

Réponse 1 : Une cinquantaine.
Réponse 2 : Environ deux cents.
Réponse 3 : Des milliers.

Si un cheval porte une robe baie, ses poils et ses crins sont:

Réponse 1 : Jaune doré et roux.
Réponse 2 : Rouge-brun et noirs.
Réponse 3 : Avec des taches de différentes couleurs.

Comment s'appellent les marques blanches que certains chevaux portent au bas des jambes?

Réponse 1 : Des « balzanes ».
Réponse 2 : Des « masques ».
Réponse 3 : Des « paturons ».

DES CHEVAUX ET DES HOMMES

L'ancêtre du cheval avait la taille:

Réponse 1 : D'une grenouille.
Réponse 2 : D'un petit chien.
Réponse 3 : D'une chèvre.

Lorsque les hommes se sont intéressés au cheval, ils ont d'abord voulu:

Réponse 1 : Le monter.
Réponse 2 : Lui faire tirer des attelages.
Réponse 3 : Le chasser pour sa viande.

Le fjord est originaire:

Réponse 1 : De Norvège.
Réponse 2 : D'Écosse.
Réponse 3 : D'Espagne.

DES PEUPLES CAVALIERS

En Australie, les gardiens de troupeaux montent:

Réponse 1 : Des walers.
Réponse 2 : Des criollos.
Réponse 3 : Des pintos.

En Mongolie, les cavaliers les plus réputés ont le droit de posséder:

Réponse 1 : Des chevaux noirs.
Réponse 2 : Des chevaux blancs.
Réponse 3 : Des chevaux bais.

Quel nom portent les cavaliers hongrois?

Réponse 1 : Les Bédouins.
Réponse 2 : Les gauchos.
Réponse 3 : Les Czikos.

Réponses au quizz

Rapide comme le vent

Lorsqu'un cheval perçoit un danger, il s'enfuit en galopant.

Au trot, un cheval se déplace à la vitesse moyenne de 14 kilomètres à l'heure.

Le surnom du pur-sang arabe est « le cheval-roi ».

Les chevaux et leurs sens

Deux chevaux qui se rencontrent commencent par se flairer.

Les sabots des chevaux sont constitués de corne.

La robe du frison est toujours noire.

Les chevaux à table

Chaque jour un cheval broute pendant environ douze heures.

On peut se rendre compte qu'un cheval a soif si ses flancs sont creux.

L'herbe de prairie séchée que l'on donne à manger aux chevaux s'appelle le « foin ».

Les chevaux entre eux

Un groupe de chevaux vivant ensemble s'appelle une « harde ».

Un cheval dont les oreilles sont plaquées en arrière montre de l'agressivité.

Dans un groupe de chevaux, c'est l'étalon qui commande.

Les chevaux et leurs poulains

Une jument porte son petit dans son ventre pendant onze mois.

On donne au premier pelage du poulain le nom de « poil de lait ».

Le poulain se nourrit uniquement d'herbe à l'âge de 6 mois.

Les chevaux légers

Les chevaux légers sont aussi appelés chevaux à « sang chaud ».

Aux États-Unis, on appelle les chevaux jadis domestiqués, puis revenus à l'état sauvage des « mustangs ».

Le pur-sang anglais peut atteindre la vitesse de 70 kilomètres à l'heure.

Les chevaux lourds

Les chevaux lourds sont originaires d'Europe du Nord.

Les poils que de nombreux chevaux lourds portent au-dessus des sabots sont des fanons.

De tous les chevaux, le plus haut et le plus lourd est le shire.

Des chevaux petits, les poneys

La taille maximum d'un poney est de 1,47 m au garrot.

Un poney est plus robuste qu'un cheval.

Un shetland est capable de tirer une charge quatre fois plus lourde que lui.

Des chevaux de toutes les couleurs

Il existe environ deux cents races de chevaux à travers le monde.

Si un cheval porte une robe baie, ses poils et ses crins sont rouge-brun et noirs.

Les marques blanches que portent certains chevaux au bas des jambes s'appellent des « balzanes ».

Des chevaux et des hommes

L'ancêtre du cheval avait la taille d'un petit chien.

Lorsque les hommes se sont intéressés au cheval, ils ont d'abord voulu le chasser pour sa viande.

Le fjord est originaire de Norvège.

Des peuples cavaliers

En Australie, les gardiens de troupeaux montent des walers.

En Mongolie, les cavaliers les plus réputés ont le droit de posséder des chevaux blancs.

Les cavaliers hongrois portent le nom de Czikos.

Petit vocabulaire scientifique

• Alezan
Se dit d'un cheval dont la robe est brun-rougeâtre.

• Allure
Façon plus ou moins rapide de se déplacer. Les principales allures du cheval sont le pas, le trot et le galop.

• Antérieurs
Ce sont les jambes avant du cheval.

• Arrière-train
Partie postérieure d'un animal possédant quatre pattes.

• Bai
Se dit d'un cheval dont le poil est rouge-brun et les crins noirs.

• Cabrer
Un cheval se cabre lorsqu'il se dresse sur ses membres postérieurs.

• Colostrum
Lait très riche que fabrique la jument pendant les premiers jours qui suivent la naissance de son petit.

• Crins
Poils épais et longs que les chevaux portent sur le haut de leur tête, sur leur encolure, ainsi que sur leur queue.

• Étalon
Cheval mâle destiné à la reproduction.

• Foin
Herbe coupée puis séchée destinée à la nourriture du bétail.

• Garrot
Zone du corps du cheval située à la base de son encolure.

• Harde
Troupe d'animaux sauvages vivant ensemble.

• Herbivore
Animal qui se nourrit principalement d'herbe et de végétaux.

• Isabelle
Se dit d'un cheval dont le poil est beige et les crins noirs.

• Jument
Se dit de la femelle adulte des chevaux.

• Mammifère
Se dit des animaux qui allaitent leurs petits.

• Monture
Animal sur lequel un homme monte pour se faire porter.

• Odorat
Sens qui permet de sentir les odeurs.

• Œsophage
Partie de l'appareil digestif.

• Ouie
Sens qui permet d'entendre les sons.

• Pie
Se dit d'un cheval dont la robe présente des taches noires et blanches, ou fauves et blanches.

• Prédateur
Animal qui chasse et tue d'autres animaux pour se nourrir.

• Préhistoire
Période de l'Histoire s'étendant depuis l'apparition de l'homme jusqu'à celle de l'écriture.

• Pur-sang
Race de chevaux élevés pour la course.

• Race
Groupe de chevaux qui se ressemblent.

• Robe
Couleur des poils et des crins d'un cheval.

• Rouan
Se dit d'un cheval dont la robe est composée d'un mélange de poils blanc, alezan et noir.

• Sabot
Ongle très développé entourant les doigts des mammifères ongulés comme les chevaux, les bœufs ou les porcs.

• Vibrisses
Poils très sensibles que portent certains animaux. Ceux du cheval sont sur ses lèvres, son menton, dans ses oreilles et autour de ses yeux.

Crédit photographique

© Arioko.com

Damman : page 20 (bg)

Chehu : page 24 (b), 34, 49 (b)

Monnier : page 28 (b)

Labat / Rouquette : page 32 (h), 39 (h)

Gehlhar : page 39 (b)

© Biosphoto

J.-L Klein & M.-L Hubert : page 17 (b), 29 (b), 32 (b), 42

C. Thiriet : page 27 (h)

B. Mathieu : page 48 (h)

© Colibri

A. M. Loubsens : page 8-9, 22, 24 (h)

© Corbis

Kit Houghton : page 52 (h)

Eyal Ofer : page 53 (h)

Hamid Sardar : page 53 (b)

© Jacana / Hoa-Qui / Explorer

M. Denance : page 23 (b)

S. Cordier : page 25 (b), 43 (b)

G. Thouvenin : page 29 (h)

Shattil & Rozinski / Nature PL : page 33 (h)

J. L. Dugast : page 35 (b)

C. Seddon / Nature PL : page 36 (h)

J.-D. Sudres / Top : page 37 (b)

Frédéric : page 40 (h)

C. Jouan / J. Rius : page 40 (m)

E. Baccega : page 41

J. Robertson / Nature PL : page 50

P. Bourseiller : page 52 (b)

© Sunset

R. Maier : couverture, page 25 (h), 28 (h)

Juniors Bildarchiv : page de titre (Pur-sang arabe, Camargue, Pinto), page 10, 11, 15 (b), 16, 20 (h), 23 (h), 26, 27 (b), 35 (h), 36 (b), 43 (h), 44 (b), 47 (b), 48 (b)

Tips Images : page 12 (h)

B. Langrish : page de titre (Frison, Palomino, Trakehner), page 12 (b), 14, 15 (h), 19, 21, 31, 33 (b), 44 (h), 51

Weiss : page 13 (h)

C. Fruhinsholz : page 13 (b)

FLPA : page 17 (h)

G. Buthaud : page 17 (m), 18, 37 (h), 49 (h)

G. Lacz : page 20 (bd), 45 (h), 47 (h)

Animals Animals : page 30, 38, 45 (b)

C. Fruhinsholz : page 40 (b)

D. Bringard : page 46

Dans la même collection :

Les petits d'animaux de la ferme
Les petits d'animaux de la savane
Les petits d'animaux de la mer
Les petits d'animaux de la campagne
Les petits d'animaux de la forêt
Les petits d'animaux du froid
Les volcans